A ESSÊNCIA DO DINHEIRO

Arnold Buzdygan

arnold@buzdygan.com

Conteúdo:

1. ATENÇÃO!

Se você é um defensor do dinheiro lastreado em ouro, sugiro que pare de ler este livro. Para o seu bem-estar.

Outros livros do autor:

Hipnose - aprendendo a hipnotizar passo a passo

almirante

Para Berlin von Stalin

2. Introdução.

Quem de vocês conhece a ESSÊNCIA do dinheiro?

Você já pensou sobre o que realmente é o dinheiro? Quem o criou, quem o cria e quem poderia criá-lo? E por que você não faz isso... você poderia?

Usamos o dinheiro todos os dias, constantemente pensando nele, desejando-o, cobiçando-o, alguns até o adorando. Precisamos de dinheiro para acertar contas uns com os outros, para poupar, para investir, para apurar o valor de coisas, serviços e até de outras pessoas (o que já é triste).

Mas quem de vocês ponderou sobre sua ESSÊNCIA?

Quem de vocês já se perguntou por que sempre não há o suficiente? E sempre foi assim ou só foi assim por um tempo?

Quem já se perguntou por que o dinheiro é criado dessa maneira e não de outra? Quais são as consequências? E pode ser mudado para que as pessoas vivam melhor e prósperas?

Ou e se o dinheiro acabar de repente?

Talvez vamos começar com isso.

Imagine uma situação em que os bancos param de funcionar devido a uma falha maciça. Queda de energia, vento solar, vírus, qualquer coisa. Você não pode fazer uma transferência, não pode depositar ou sacar dinheiro em um banco ou caixa eletrônico.

Olhe em seus bolsos, gavetas, armários, cofres - quanto dinheiro você tem com você? Quantos em casas? Quantas compras são suficientes para você? E depois?

Se você gasta, como vai comprar comida, roupas, pagar contas?

Reserve um momento para pensar em como as pessoas se sentiam até meados do século XX!

Então, vamos voltar à situação em que não há ou há muito pouco dinheiro no mercado. Os efeitos de tal situação são dramáticos - em primeiro lugar, o ritmo do comércio está diminuindo. As pessoas são forçadas a aceitar acordos de troca, ou seja, você me dá peixe e eu te dou anzóis, você me dá frango e eu te dou grãos, etc.

O resultado de tal situação é a desaceleração da economia, que além disso se torna muito local e não global devido à falta de transferências remotas. Ótima situação, certo?

Então surge a pergunta - por que as próprias pessoas não emitem dinheiro se são tão necessárias?

Por que apenas os bancos emitem dinheiro hoje? Todos. Não apenas os Bancos Centrais, mas todos os bancos. Por que permitimos que apenas os bancos o façam e nos roubem com custos e juros?

Se você sabe sobre o que vou escrever abaixo, ótimo. No entanto, sei que nem todos estão cientes de como o dinheiro de hoje é criado, então tenho que me referir a isso.

Bem, quase todo o dinheiro de hoje é **dinheiro de dívida.** É a nossa - isto é, a sociedade, as pessoas, o governo, as pessoas jurídicas, as instituições, etc. - **a dívida com os bancos.**

Todo o dinheiro que usamos deve ser **devolvido ao banco!**

Porque os bancos não nos deram dinheiro - eles apenas **nos emprestaram.**

Além disso, não de graça - os bancos sempre querem juros das pessoas, ou seja, mais dinheiro do que criaram e lançaram no mercado. Como resultado, se de repente, como sociedade, disséssemos "não queremos o seu dinheiro, vamos devolvê-lo" e não pagássemos a quantia que devemos aos bancos de qualquer maneira, ficaríamos sem dinheiro. Isso se deve ao fato de que os bancos não querem algo de nós que possamos produzir nós mesmos, eles não querem nosso trabalho. Os bancos querem dinheiro de nós, que só eles emitem!

Isso leva a uma aquisição lenta, mas sistemática, dos ativos das pessoas pelos bancos, porque esse dinheiro extra (acréscimo de custos e juros) simplesmente NÃO **EXISTE** no mercado e as pessoas não têm como devolvê-lo! (veja a seção: *Juros ERRADOS*). E se não pararmos, no futuro tudo vai pertencer aos bancos!

Para as pessoas - nada!

As pessoas só terão dívidas impagáveis.

Aliás, num futuro próximo, porque os bancos também nos roubam gerando inflação, o que não os incomoda porque são os primeiros a ter dinheiro, que depois vai para a sociedade. E já têm menos poder de compra porque diminui com o tempo. Quanto maior a inflação, mais rápido.

Quando, em 1995, a mudança dos antigos zlotys pós-comunistas para os atuais novos zlotys foi introduzida na Polônia, paguei aos funcionários - aqueles com o salário mais baixo - uma nota de 200 zlotys e uma moeda de 5 zlotys. [Em 2023, isso equivale a cerca de US$ 50]. Hoje, uma nota teria que ter um valor nominal de PLN 3.000 e uma moeda de PLN 500.

Há 28 anos, esse valor era o salário mínimo legal para viver um mês inteiro. Em um nível de vida baixo, mas ainda assim.

Hoje (2023) o salário mais baixo na Polônia é de PLN 3.600.

17 vezes mais!

Isso significa que o zloty perdeu 94% de seu poder de compra original por 28 anos!

O mesmo acontece com o dólar e outras moedas.

Em 1950, o salário mínimo nos Estados Unidos era de US$ 0,75 por hora. Hoje, é de US$ 7,25 a US$ 13,25 (dependendo do estado), ou 10 a 17 vezes mais.

É por isso que muitas pessoas dizem que "moeda de papel" não é dinheiro real.

E o único dinheiro verdadeiro é aquele baseado no ouro, como tem sido por milhares de anos na história da humanidade.

Eles estão certos? Vamos descobrir!

SPECIAL AGRO-CHEQUE
100000000000
AB4164819
RESERVE BANK OF ZIMBABWE
Pay the bearer on demand
ONE HUNDRED
BILLION DOLLARS
on or before 31st December 2008
for the Reserve Bank of Zimbabwe
Issue date: 1st July 2008
Dr. G. Gono
Governor
100
BILLION
100 000 000 000
02022900
50 000 000 000
25 000 000 000
5 000 000 000
500 000 000
AB3211795
BEARER CHEQUE
10
20
50
100

100 000 000 000 000
RESERVE BANK OF ZIMBABWE
100 000 000 000 000
I promise to pay
the bearer on demand
AA3995015
ONE HUNDRED
TRILLION
DOLLARS
for the Reserve Bank of Zimbabwe
Dr. G. Gono
Governor
100 000 000 000 000
HARARE 2008
AA3995015

100 000 000 000 000
RESERVE BANK OF ZIMBABWE
100 000 000 000 000

3. Os deuses escolhem... prata e ouro.

O que você acha - qual dinheiro durou mais tempo e funcionou perfeitamente na história da humanidade?

Bem, eles eram....

...

...

...

...

...

...

...

...

Conchas Kauri!

Eles foram usados como dinheiro em uma vasta área abrangendo muitas culturas diferentes **por mais de 5.000 anos** - pelo menos de 3,5 aC até o final do século 19, quando o sistema foi deliberadamente destruído pelos europeus ocidentais (eles importaram muitas conchas falsas muito semelhante a conchas kauri).

As conchas Kauri foram usadas no sul da Ásia, Índia, China, Japão, praticamente em toda a bacia do Oceano Índico e na África. Em alguns desses lugares, as palavras para dinheiro e búzios ainda são sinônimos ou até mesmo referidos como a mesma palavra (por exemplo, no Japão: okane)

Se apenas?

Vejamos o chapéu tradicional dos montanheses de Zakopane.

O que vemos lá!?

Sim, são conchas Kauri!

Seu prestígio irradiava milhares de quilômetros de onde eram usados como dinheiro. Hoje, as pessoas que querem mostrar sua riqueza para os outros usam correntes de ouro, joias, itens de marca, puxam ostensivamente de seus bolsos maços de notas ou cartões de crédito nobres. Naquela época, os colares de Kauri eram ostentados, cujos ecos permaneceram em trajes folclóricos até hoje.

Mas voltando ao kauri sendo dinheiro.

Essas conchas são comuns na bacia do Oceano Índico, então todos notam uma coisa muito importante - **todos** podem nadar ou ir à praia e **coletar esse dinheiro em qualquer quantia.** Dependia apenas de sua vontade e diligência. Assim como nós hoje, podemos ir às praias do Báltico e coletar âmbar (eles são desejados por joalheiros e outros).

E isso significa duas coisas importantes:

- Ninguém precisava de bancos emitindo dinheiro de forma desonesta e controlando a quem e em que condições emprestá-lo.
- Havia um nível limitado de pobreza para aqueles que nem queriam ir e se abaixar por conchas, ou seja, dinheiro. Ninguém teve que pedir por eles, implorar, implorar (exceto os enfermos, etc.). Simplesmente, se precisasse de dinheiro, poderia ir buscar a quantia que precisava para sobreviver, ou pegar de quem arrecadasse e levar para o interior, onde tinha maior poder aquisitivo. Comércio típico - comprava barato, vendia mais caro, ou seja, o resto da sociedade, que não queria se dar ao trabalho de catar conchas, só aproveitava. Vou escrever sobre por que Kauri se tornou dinheiro mais tarde.

Foi o mesmo em outras partes do mundo!

Na Mesoamérica, por exemplo, os grãos de cacau eram dinheiro. Qualquer um poderia entrar na selva e pegá-los se não quisesse plantar suas próprias colheitas e tê-los à mão.

Os bancos que criam dinheiro de forma desonesta não eram necessários para ninguém.

Aliás, os índios tratavam a prata e o ouro como qualquer outro metal comum, por isso não só não os esconderam dos espanhóis, mas de bom grado os deram a eles na esperança ilusória de que se livrariam deles.

Na Micronésia - o dinheiro era uma roda de pedra RAI que qualquer um poderia esculpir. E quanto maior era o diâmetro e mais pesado, mais valor monetário tinha. Claro, havia um problema aqui, porque para a matéria-prima você tinha que navegar para ilhas específicas, cujos recursos serviam como uma pedreira específica. Mas, novamente - qualquer um poderia fazer isso! Ninguém colocou a mão nesse recurso e disse - tudo daqui para frente é meu, agora eu decido quem fica com quanto da pedra como os bancos fizeram com o dinheiro de hoje.

Curiosamente - devido ao tamanho e peso de alguns RAI, eles não foram transferidos entre proprietários, mas permaneceram nas casas de seus criadores originais. Existia uma memória social de transações e saberes a quem pertencia determinada RAI, e a partir dela se determinava a riqueza de determinada pessoa ou família. O que é ainda mais interessante -

o possível naufrágio do RAI durante o transporte entre as ilhas não significou sua perda. Ainda foi considerado e negociado! Se isso o surpreende, pense no ouro depositado em algum cofre e nas pessoas que o trocam, embora não mude fisicamente de lugar. Ainda está no mesmo cofre, apenas seus proprietários mudam.

Claro, outro dinheiro também foi usado em todo o mundo, como gado (usado em algumas partes da África até hoje), grãos de cereais, sal, peças de metal, linho, peles de animais. Um exemplo é a kuna croata (mas em breve a Croácia mudará para o euro), que é o nome derivado das peles de kuna que costumavam ser usadas para pagar lá.

E novamente - todos poderiam obtê-los para si. Desenterrar, caçar, criar, criar, etc., etc.

Em todos esses exemplos, pode-se ver um importante elemento comum - a situação em que **as pessoas criaram dinheiro para as pessoas** era **NORMAL** ao longo dos milênios da existência da humanidade. Eles não precisavam de nenhum governo, autoridade ou banco para controlar e emitir o dinheiro.

Infelizmente, em nosso círculo civilizatório babilônico-mediterrâneo - que com suas conquistas espalhou sua cultura por todo o mundo - houve uma escolha trágica.

E tudo por causa da fé das pessoas nos deuses, que naquela época as pessoas levavam muito a sério. Afinal, eles estavam absolutamente convencidos de que todo o seu destino e vida dependiam do favor dos deuses. E qual é a melhor maneira de garantir o favor de alguém?

Claro com presentes!

Portanto, eles iam em massa aos templos e faziam doações. Inicialmente, eram os frutos do campo, jogo, alguns objetos, etc. Os guardiões ou guardiões desses lugares sagrados tinham que coletar todos esses presentes de alguma forma. Tinham que ter vasilhas e recipientes, quartos, etc. Com o tempo, desenvolveram-se também rituais, celebrações que exigiam o uso de várias coisas. Não apenas durável, mas também luxuoso, mostrando o prestígio apropriado da divindade. Afinal, como os deuses poderiam se satisfazer com materiais tão comuns como os das pessoas comuns? Então, osso, madeira, argila cozida, etc.?
Claro que não!

É que a então metalurgia estava em um nível muito baixo e as peças de latão e bronze sofriam com o problema da ferrugem rápida e a chamada ferrugem. rachaduras sazonais causadas pela exposição à amônia de alimentos perecíveis. O ferro era quebradiço, ainda não tinham aprendido a fazer aço e não havia muito.

A prata e sua liga natural com o ouro - electrum - são diferentes. Era isso! As peças feitas com eles tinham até propriedades assépticas e, o mais importante, eram resistentes à ferrugem.

Portanto, os deuses disseram aos sacerdotes e sacerdotisas que ouro e prata eram os presentes mais esperados. E eles o transmitiram às pessoas e, dessa forma, alimentaram o desejo humano por prata e ouro. O ouro era usado para fabricar e decorar itens nos templos e era escasso, impossível de se livrar.

Se você não acredita, leia sobre os templos hindus onde esse costume foi preservado até hoje e onde as pessoas ainda trazem presentes de ouro e prata.

Por exemplo, no templo Tirumala Venkateswara, os fiéis deixam cerca de 350 kg de ouro e 500 kg de prata todos os anos!

E no templo de Trivandrum, a abertura de apenas uma das duas criptas-tesouros, onde estão guardados presentes de ouro feitos ao longo dos séculos, revelou tesouros de ouro estimados em mais de ... 20 bilhões de dólares! E ao preço do próprio ouro, sem levar em conta seu valor histórico ou artístico.

Ao mesmo tempo, é apenas um dos tesouros deste templo - um tesouro ainda mais antigo não foi aberto porque os sacerdotes se recusaram a abri-lo, escondendo-se atrás de uma maldição que o protegia. Alegadamente, a abertura deste cofre traria terríveis pragas sobre a humanidade, piores do que as trazidas pela abertura da caixa de Pandora. Bem, a fé é uma força poderosa.

A tragédia da humanidade é que esses dois metais são raros e não amplamente dispersos, mas são encontrados principalmente em depósitos. Em consequência, a sua aquisição foi e é difícil, centralizada e ao alcance de poucos, ou seja, principalmente dos governantes que se limitaram a apoderar-se à força das poucas jazidas descobertas.

Como resultado, o fornecimento desses metais durante séculos foi muito pequeno em relação às necessidades das pessoas.

No entanto, voltando àqueles tempos antigos - e estamos vários séculos antes de nossa era - os excedentes de prata começaram a se acumular nos templos, que não podiam mais ser usados para as próprias necessidades.

E então - no século VII aC - em algum templo na Lídia, ou melhor, na ilha de Egina - alguém teve uma ideia brilhante:

- vamos lançar pepitas semelhantes de prata ou ouro.
- vamos imprimir neles o símbolo da divindade para que as pessoas saibam a quem dar de presente.
- vamos dar essas pepitas para as pessoas em troca de serviços e bens necessários ao templo, para que as pessoas não tenham que procurar minérios para dar de presente aos deuses.

- então as pessoas trarão essas pepitas para o templo de qualquer maneira como presentes para os deuses, e nós iremos...
- nós os daremos de novo, em troca de coisas de que precisamos.

No entanto, descobriu-se rapidamente que essas pepitas são desejadas pelas pessoas, então começaram a ser trocadas entre si em troca de outros bens ou serviços. Desta forma, a circulação de dinheiro foi criada naturalmente e esses pedaços se tornaram dinheiro. Foi então que surgiu o fenômeno da escassez aguda de dinheiro. Os caroços que deveriam circular apenas entre o templo e os adoradores da divindade passaram a circular também entre as pessoas.

Como resultado, ele começou a sentir sua falta dramaticamente! Tanto mais que os fenícios distribuíram esse dinheiro por todo o mundo antigo, tornando-se seus criadores na consciência comum (embora na verdade não os tenham inventado).

1
2
3
4
5
6

Não ajudou que a ideia também tenha sido adotada por outros - governantes, proprietários de minas de prata/ouro e até ourives também adotaram a marcação de pepitas. Não ajudou porque havia escassez de matéria-prima, ou seja, prata, e o número de pessoas que usavam esse dinheiro aumentava constantemente.

Se você não acredita que esse foi realmente o caso, leia sobre o Templo de Jerusalém - os judeus só podiam pagar em siclos, que eram moedas cunhadas pelo próprio templo. Eles não poderiam pagar com outro dinheiro - isso seria um insulto a Deus! É por isso que havia muitas casas de câmbio dentro dela, trocando várias moedas e produtos por siclos (mesmo na Bíblia no Novo Testamento podemos encontrar uma descrição disso).

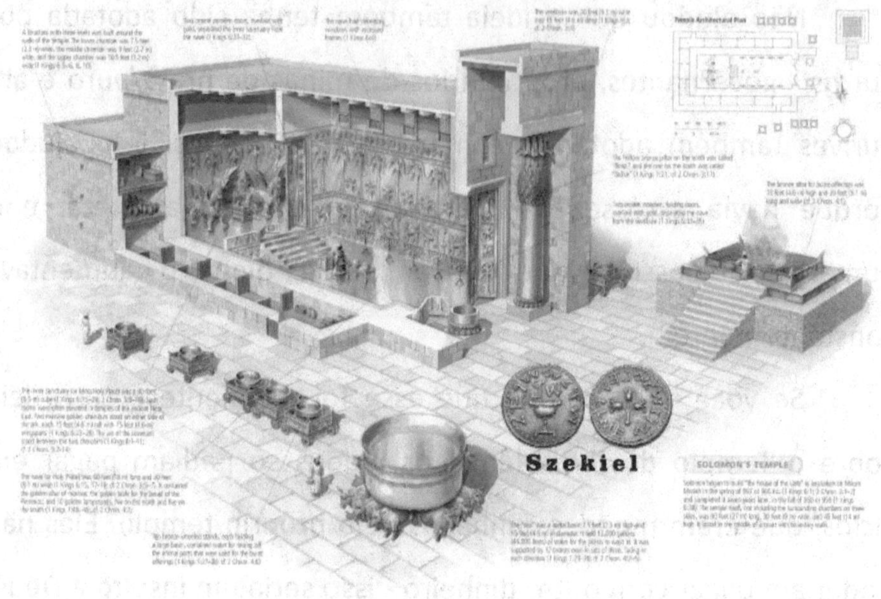

E agora outra pergunta.

O que você acha - de que metal foi cunhada a maioria absoluta (99% ou mais) das moedas na história da humanidade?

E quem se lembra do que Judas ganhou por trair Jesus?

Sim. Prateiros!

Então simplesmente ... dinheiro porque os siclos do Templo de Jerusalém e os denários romanos eram moedas de prata, não de ouro!

Também dólares americanos (sim!), táleres dos Habsburgos, reais, pesos, dirhams, denários, rúpias, florins, etc. todas essas moedas eram de prata, não de ouro.

Tente imaginar e entender - porque é importante - esta prata acendeu a febre humana de ganância e luxúria. Era ao ver a prata que as pessoas salivavam como hoje ao ver uma mala com notas. Ouro capturado apenas por acaso! Mas havia muito pouco, muito pouco, para ter qualquer importância durante séculos e, além disso, não era ouro puro, mas sempre uma liga dele com prata. A prata também era escassa, mas muito mais do que o ouro, razão pela qual a prata se tornou a base do dinheiro por quase 3.000 anos.

Assim, ao longo da antiguidade e da Idade Média, as pessoas sofriam com a falta de dinheiro, que, como sabemos, bloqueia o comércio, o desenvolvimento econômico e, o pior de tudo, causa guerras porque a maneira mais fácil de conseguir dinheiro era... outros.

Apenas mais de 2.000 anos depois, no início do século 16 na Boêmia (1519) no que hoje é Jachymov (na época Sankt Joachimstaler, ou seja, Vale de São Joaquim), Graf Schlick encontrou ricos depósitos de prata. E secretamente começa a cunhar uma moeda, originalmente chamada de "Joachim **staler** Gulden. Por que florim? Porque o florim era o nome de uma moeda de prata cunhada pelos Habsburgos naquela época. Essa família então governou grande parte da Europa, incluindo a República Tcheca e a Espanha.

O nome da moeda - Joachim Steeler Gulden - era muito longo para as pessoas, então foi naturalmente abreviado para alemão "taler", tcheco "tolar", polonês "thaler", holandês daler e espanhol e inglês "dollar" .

A moeda pesava pouco mais de 29 gramas, e sua produção anual aumentou de 61.500 em 1519 para 208.500 moedas em 1527 (6 toneladas).

Quase ao mesmo tempo, os espanhóis, que como sabemos eram governados pela Casa dos Habsburgos na época, conquistam o México e o Peru e em três anos enviam 56 toneladas de prata e 6 toneladas de ouro para a Espanha, das quais apenas 6 toneladas de prata e 0,5 toneladas de ouro chegam à Europa (o restante afunda). A propósito, preste atenção na proporção desses minérios. No entanto, mesmo essa quantidade de prata e ouro é enorme para a quantidade negociada na Europa!

Além disso, em meados do século XVI, em Potosi (atual Bolívia) foram descobertos outros ricos depósitos de prata. Uma quantidade inimaginável de prata começa a chegar à Espanha na época: 300 toneladas por ano!

Imagine que de repente um país recebe mais de três vezes todo o dinheiro usado na Europa. triplo! E assim todos os anos. Você pode imaginar quanto dinheiro é? Quão fabulosamente rico tal país se tornaria em um instante? Foi o que aconteceu na Espanha então.

Dessa massa de 300 toneladas de prata, uma moeda chamada "real" é cunhada anualmente. Uma quantia enorme de dinheiro então!

A propósito - hoje, o polonês KGHM sozinho produz 1.500 toneladas de prata e 3 toneladas de ouro anualmente. Mais de 26.000 toneladas de prata e 3.000 toneladas de ouro são produzidas anualmente em todo o mundo .

Pela primeira vez na história da humanidade (nosso círculo cultural), o dinheiro é abundante, a inflação aparece pela primeira vez e graças à sua disponibilidade, o comércio e a economia crescem rapidamente, os bancos são estabelecidos, a Idade de Ouro começa para a República da Polônia , que é o celeiro da Europa, assim como uma nova era na Europa: **o Renascimento.**

Além do mais - graças à quantidade certa de dinheiro, o CAPITALISMO aparece, deslocando o feudalismo baseado na troca de escambo. Enormes mudanças sociais e econômicas estão ocorrendo, o que não teria acontecido se tanto dinheiro não tivesse chegado.

Apenas uma nota lateral interessante.

Nas Américas - incluindo as partes inglesa e francesa - o dinheiro é comumente referido pelo termo espanhol "dólar". Assim como hoje, quando dizemos dinheiro, szmal, dinheiro, temos cédulas e moedas de qualquer moeda (não especificada) diante de nossos olhos, então a palavra "dólar" significava quaisquer moedas de prata, fossem elas táleres, reais, pesos, florins, etc.

Veja também de onde veio o símbolo geral do dinheiro. Nada do dólar americano, com o qual muitos o identificam hoje.

Esta é uma foto simplificada da faixa entrelaçando uma coluna do motivo encontrado no **real espanhol** , uma moeda chamada "oito de prata" (esse nome até aparece em alguns faroestes). Portanto, este símbolo em muitos países é a designação do dinheiro (também local) e não do dólar americano. Um amigo meu quase teve um ataque cardíaco na primeira vez que pagou a conta em um restaurante na Colômbia :

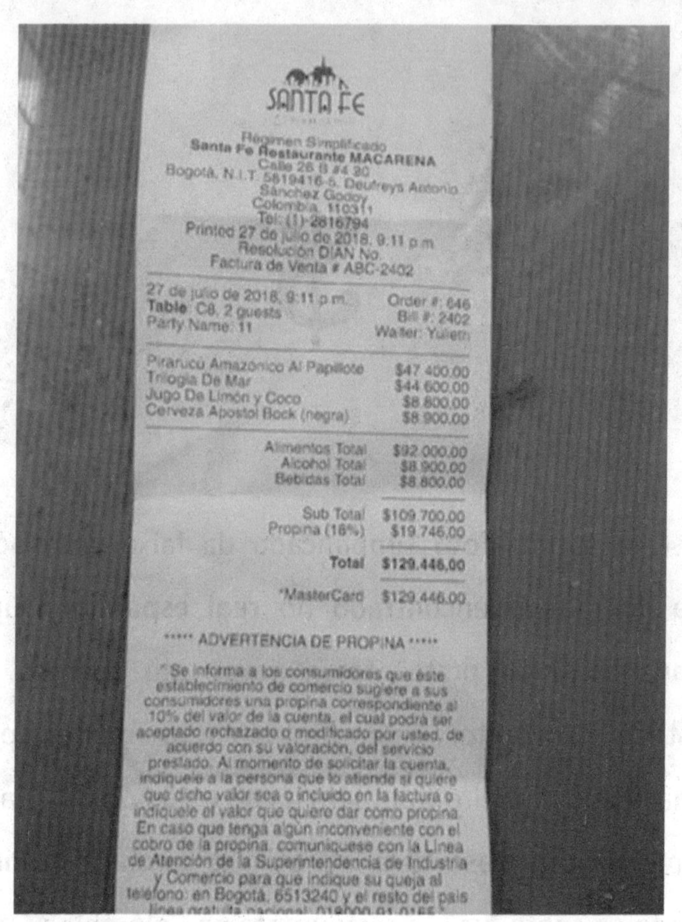

SANTA FE

Regimen Simplificado
Santa Fe Restaurante MACARENA
Calle 26 B #4 30
Bogotá, N.I.T. 5819416-5, Deufreys Antonio
Sánchez Godoy
Colombia, 110311
Tel: (1)-2816794
Printed 27 de julio de 2018, 9:11 p.m.
Resolución DIAN No.
Factura de Venta # ABC-2402

27 de julio de 2018, 9:11 p.m. — Order #: 646
Table: C8, 2 guests — Bill #: 2402
Party Name: 11 — Waiter: Yulieth

Piraruců Amazónico Al Papillote	$47 400,00
Trilogia De Mar	$44 600,00
Jugo De Limón y Coco	$8 800,00
Cerveza Apostol Bock (negra)	$8 900,00
Alimentos Total	$92 000,00
Alcohol Total	$8 900,00
Bebidas Total	$8 800,00
Sub Total	$109 700,00
Propina (18%)	$19 746,00
Total	**$129.446,00**
*MasterCard	$129 446,00

***** ADVERTENCIA DE PROPINA *****

" Se informa a los consumidores que éste establecimiento de comercio sugiere a sus consumidores una propina correspondiente al 10% del valor de la cuenta, el cual podrá ser aceptado rechazado o modificado por usted, de acuerdo con su valoración, del servicio prestado. Al momento de solicitar la cuenta, indiquele a la persona que lo atiende si quiere que dicho valor sea o incluido en la factura o indiquele el valor que quiere dar como propina. En caso que tenga algún inconveniente con el cobro de la propina, comuniquese con la Linea de Atención de la Superintendencia de Industria y Comercio para que indique su queja al teléfono: en Bogotá, 6513240 y el resto del pais

Aproximadamente. Voltemos ao assunto. Então temos o final do século 16, e a sociedade finalmente tem moedas (dinheiro) suficientes para circular livremente.

Mas o rápido desenvolvimento econômico, o consequente crescimento populacional, o estabelecimento do comércio com a China (que começou a absorver moedas de prata "europeias" porque não as possuíam), coletando prata na forma de joias e itens do dia a dia (a chamada prata familiar) faz prata e o dinheiro está acabando. O minério dos Habsburgos, que inicialmente salvou não apenas a Europa, mas o mundo inteiro com dinheiro, não era mais suficiente.

Pior ainda, o exemplo do fabuloso enriquecimento da Espanha devido ao acesso à prata levou ao desenvolvimento da teoria do mercantilismo, que supunha que a riqueza da família, da família e da nação, assim como do governante e do estado, dependiam do quantidade de metais coletados por eles. A crença de que quem enterra e guarda mais dinheiro no quintal é rico, infelizmente, persiste em muita gente até hoje. Como resultado, surgiram barreiras comerciais e regulamentações para manter o dinheiro no país e "roubá-lo" de outros. Não apenas a oferta de prata e ouro não estava mais acompanhando o desenvolvimento do comércio e da economia - ou seja, a demanda - mas, como resultado da retenção consciente e deliberada do dinheiro, as pessoas começaram a ficar sem moedas de prata e ouro ainda mais para realizar transacções, comércio e liquidações. Aliás, esse problema foi tratado e descrito por, entre outros, Copérnico.
O resultado de tal situação era óbvio - saques e guerras, inclusive a revolução americana, que terminou com a fundação dos EUA. A falta de dinheiro nas colônias americanas era particularmente aguda, o que obrigou à busca de vários substitutos (até cartas de

baralho eram usadas como dinheiro!) porque o dinheiro era cunhado na ... Europa. Em tudo isso, era mais engraçado que a matéria-prima para sua produção fosse importada das duas Américas e depois as moedas cunhadas fossem exportadas para as Américas. E no caminho havia tempestades, pedras e piratas.

Imagine isso hoje:

Vais a um multibanco e ele paga-te 3 contas em vez de 10. Vais ao banco e dizem-te: "Damos-te 1000 zlotys em notas e outros mil em forma de tablet porque não temos moedas nem notas de banco".

Ou você vai ao seu patrão cobrar e ele te diz "O cliente não tinha dinheiro, ele pagou com sacos de batatas, pegue essas batatas e troque por pão, açúcar, tablete ou o que você precisar no mercado".

Observe - não estou falando sobre a situação em que há pobreza. NÃO. O país é rico - você "tem" muitas economias em bancos - ou assim você pensa - bens, serviços e trabalho são abundantes apenas ... não há representação física do dinheiro. operadora. Nenhuma moeda, nenhuma nota e contas eletrônicas estão inativas porque os servidores foram danificados por rajadas de sol, vírus ou qualquer outra coisa.

O quanto isso complica a vida? Quanto isso atrapalha o

desenvolvimento econômico?

Porque o que as pessoas razoáveis fazem em tal situação? Eles não querem se livrar do dinheiro que têm! Eles preferem dar outra coisa (escambo) e manter o dinheiro físico para si mesmos para gastá-lo como último recurso. Como resultado, a quantidade de dinheiro em circulação diminui ainda mais, enquanto o escambo inconveniente aumenta.

A situação ainda pode ser salva cunhando algo que substitua as moedas de prata, por exemplo, cobre, ou criando outras formas de dinheiro, como varas de madeira devidamente preparadas, varas de bambu ou peles de animais.

Mas vamos voltar ao dinheiro. Como geralmente não havia prata e ouro para cunhar, as moedas também eram cunhadas de cobre. Eles eram um substituto para as moedas de prata, que eram tratadas como a base do sistema, portanto o dogma exigia que o peso do cobre na moeda correspondesse ao valor do táler. Ou seja, uma moeda de prata específica que já conhecemos. [Na China foi diferente, veja o final do livro.]

A partir do século XVI, a situação também foi amenizada com o surgimento dos banqueiros, e depois também dos bancos, e dos documentos por eles emitidos para os comerciantes que transitavam pelos mercados de toda a Europa. Estes foram os primeiros recibos de depósito e depois letras de câmbio (notas), mais tarde chamadas de notas bancárias (notas) ou ... notas.

O primeiro problema no sistema surgiu em meados do século XVII (1650), quando ricas jazidas de cobre foram descobertas na Suécia. O cobre era sistematicamente mais barato e as moedas feitas dele tinham de ser cada vez maiores para cumprir a paridade de valor com o táler, até se transformarem em lingotes e passarem a pesar até 20 kg!

Então os suecos lembraram que alguns séculos antes (sic!) Marco Polo mostrou o papel-moeda que havia trazido da China e decidiu usar essa ideia chinesa.

Assim, foi criado um banco central (o Banco da Suécia em 1666), que emitiu o primeiro papel-moeda da Europa, ou melhor, recibos de depósito, pois quem apresentasse tal nota no banco poderia cobrar seu valor em moedas de prata ou cobre.

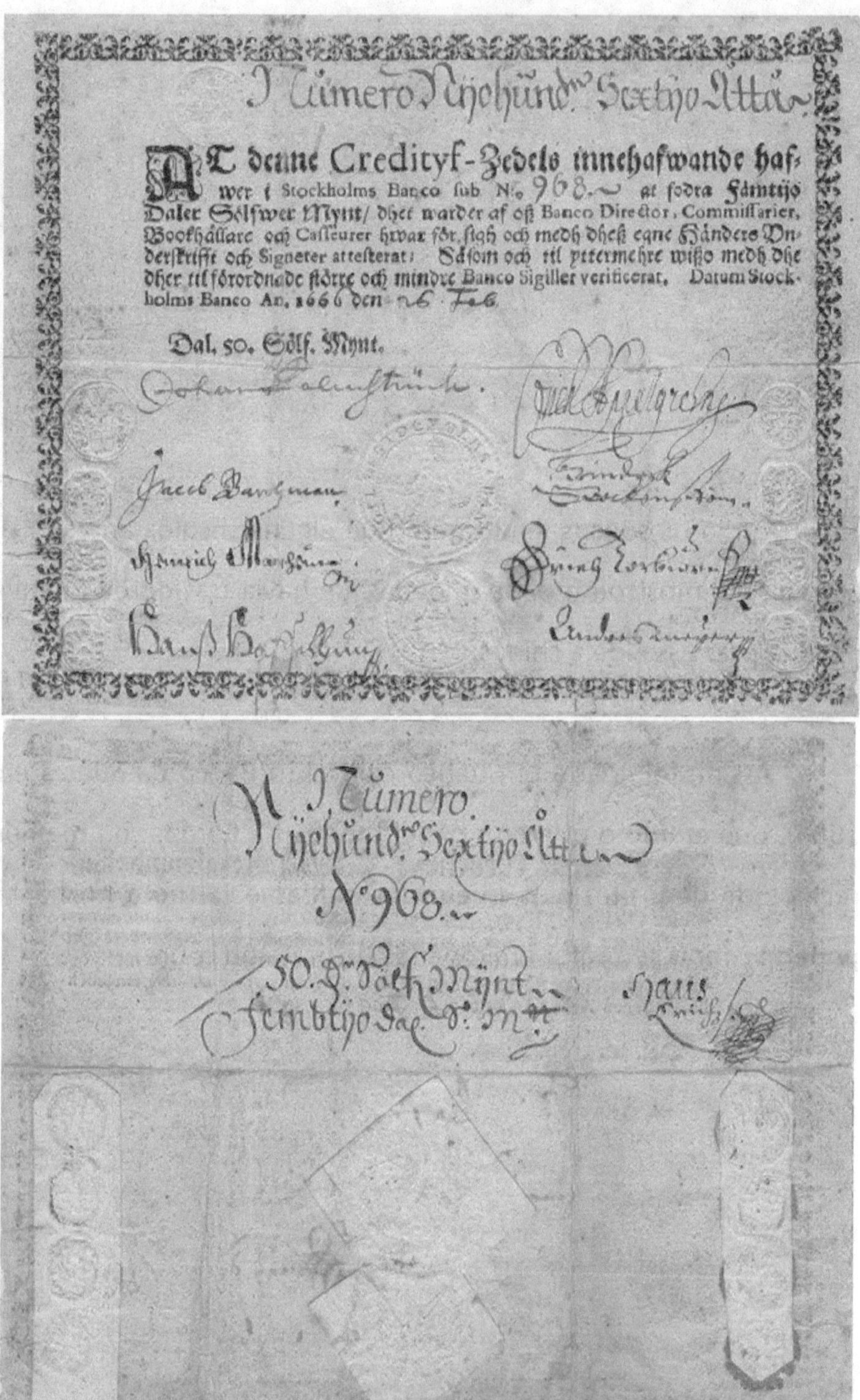

Numero Nijohund.ro Sextijo Åtta

AT denne Credityf-Zedels innehafwande hafwer i Stockholms Banco sub No. 968.— at fodra Femtijo Daler Sölfwer Mynt/ dhet warder af oß Banco Director, Commissarier, Bookhållare och Casseurer hwar för sigh och medh dheß egne Händers Underskrifft och Signeter attesterat; Såsom och til yttermehre wißo medh dhe dher til förordnade större och mindre Banco Sigiller verificerat. Datum Stockholms Banco An. 1666 den 26 Feb.

Dal. 50. Sölf. Mynt.

Eles substituíram as moedas de cobre (ou melhor, as barras).

Claro, a suposição era que essas notas seriam 100% cobertas de prata.

No entanto, governantes e banqueiros rapidamente perceberam que quase ninguém verificaria os estoques nos cofres. Isso possibilitou a emissão de notas que não estavam totalmente cobertas pelo metal supostamente armazenado.

Abaixo está uma nota para 9 dalers.

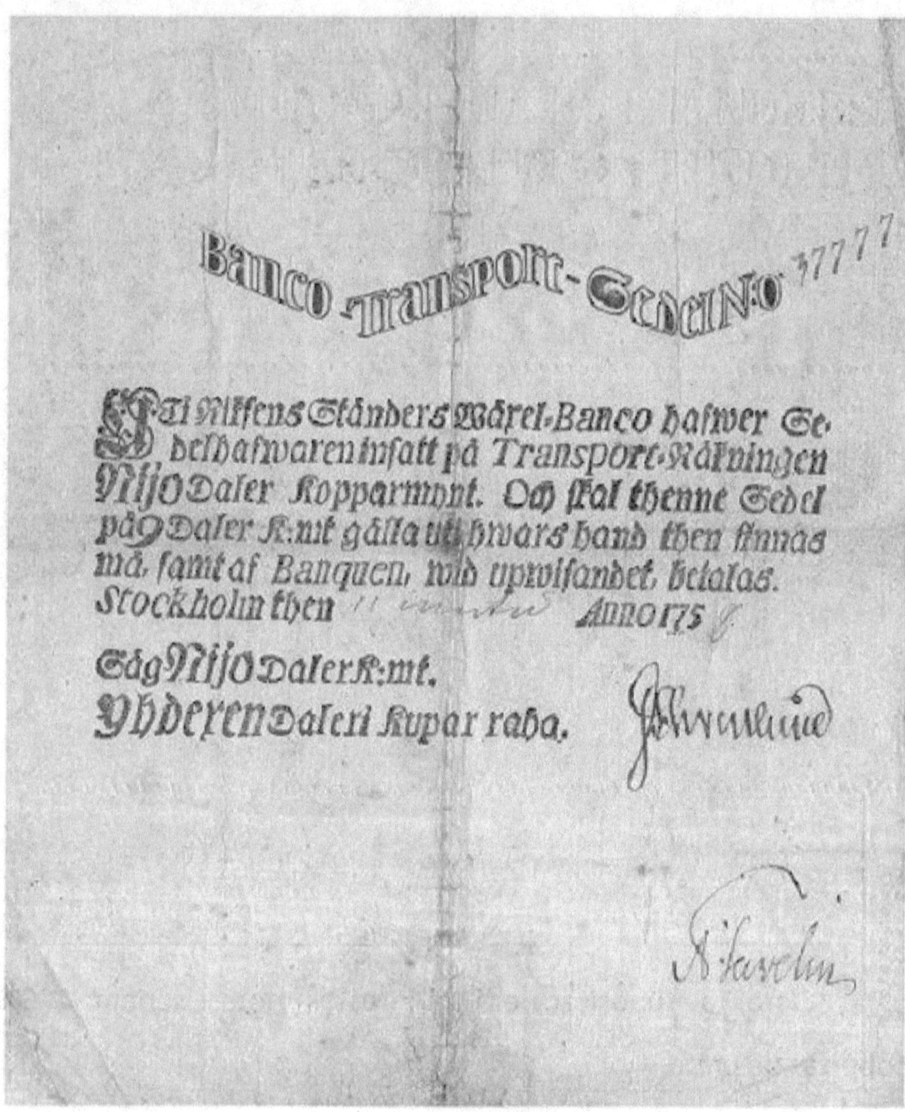

28 anos depois (1694) o Banco da Inglaterra foi estabelecido e começou a emitir libras esterlinas. Até 1729, eles foram escritos à mão. A partir desse ano, começaram a ser impressos, mas cada um deles teve que ser assinado à mão pelo governador do Banco da Inglaterra (até 1820).

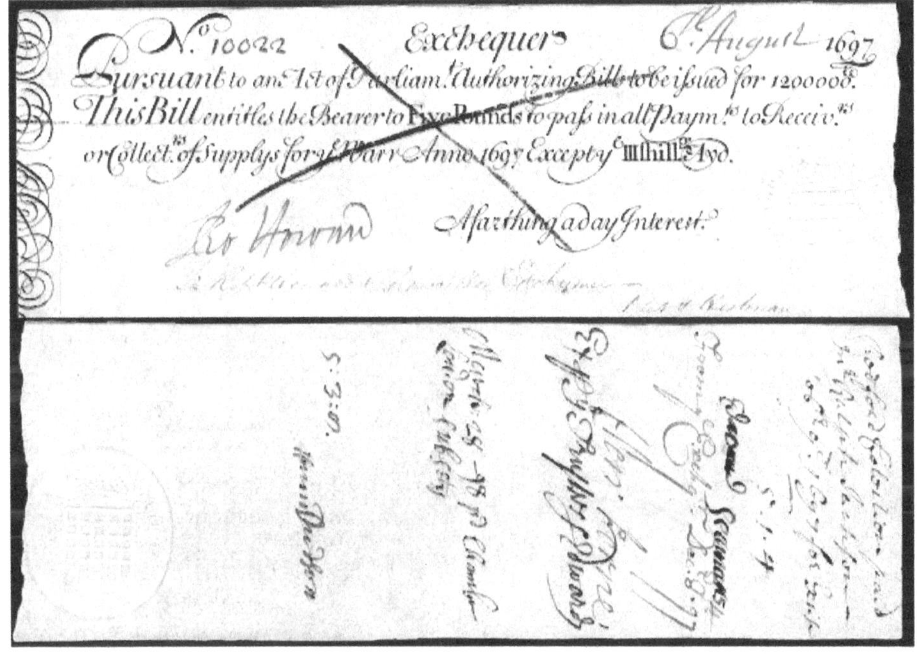
No. 10022 Exchequer 6th August 1697
Pursuant to an Act of Parliam.t Authorizing Bills to be issued for 1200000£
This Bill entitles the Bearer to Five Pounds to pass in all Paym.ts to Receiv.rs
or Collect.rs of Supplys for ye Warr Anno 1697 Except ye [illegible]
A farthing a day Interest.

Vejamos esta nota e a inscrição nela na terceira linha. Lê-se: "Prometo pagar ao portador, à vista, a soma de £ 5".

Você provavelmente está pensando: "O quê!? Já tenho 5€ na mão!"

Bem, veja bem - essa promessa estranha hoje é apenas um resquício do fato de que a nota era apenas um substituto para o peso (uma libra é uma unidade de peso) da prata da mais alta qualidade (chamada pelos joalheiros: esterlina). Daí o nome do dinheiro britânico: a libra esterlina.

Esta fórmula, além disso, existe nas notas inglesas até hoje:

4. As pessoas abandonam os deuses, e com eles a prata e o ouro.

A deflação do valor do cobre devido às jazidas suecas prenunciava o que aconteceria mais tarde com a prata e, sem dúvida, o que aconteceria num futuro próximo com o ouro. As geleiras da vasta Groenlândia estão derretendo, revelando terras economicamente virgens contendo depósitos inesgotáveis. Incluindo, sem dúvida, o ouro.

De volta ao tópico principal. A descoberta de novas jazidas na América, a revolução industrial e a subseqüente mecanização da mineração, bem como o desenvolvimento da química e da metalurgia, resultaram em um aumento ainda maior da oferta de prata e, consequentemente, na perda sistemática de sua aquisição. poder, mas a verdadeira catástrofe veio na década de 1860. Em 1858, uma linha telegráfica transatlântica foi estabelecida e, um ano depois, ricos depósitos de minério de prata foram descobertos em Utah - mais tarde denominado Comstock Lode. Enormes quantidades de prata e a capacidade de trocar instantaneamente informações sobre saldos de contas entre bancos destruíram todo o sistema financeiro baseado em moedas de prata.

O poder divino da prata se foi com o vento, e a prata da

família acumulada ao longo dos séculos, que poderia ser facilmente forjada em moedas, perdeu completamente seu valor e brilho. Hoje, a prata não entusiasma mais ninguém e é difícil até para nós entendermos que as pessoas a cobiçaram tanto quanto ainda hoje cobiçamos o ouro.

Basta dizer que até a descoberta da América - e um pouco antes das jazidas no Maciço da Boêmia - apenas 7% de toda a prata extraída pelo homem até hoje foi extraída, e até 1859 apenas 30%.

Infelizmente, apesar do colapso do sistema baseado na prata e do anúncio de Nitsche sobre a morte dos deuses, as conclusões corretas sobre a essência do dinheiro não foram tiradas naquela época.

Apenas a prata foi abandonada e as atenções se voltaram para o ouro, que se tornou a nova base, a nova paridade do dinheiro. A propósito, sobrecarregando a humanidade com os custos na forma de vários colapsos econômicos e guerras completamente desnecessários, incluindo a Grande Depressão e as duas Guerras Mundiais. Tenho certeza que se a paridade do minério já tivesse sido abandonada naquela época, essas tragédias não teriam acontecido.

Mas infelizmente.

Em 1900, foi adotada a paridade de que por $ 20,67 você obteria uma onça de ouro.

No entanto, o desenvolvimento de liquidações em bancos com base em lançamentos nos livros, e não apenas na troca física de dinheiro, resultou na emissão de dinheiro completamente não correlacionada com a oferta de ouro. Isso resultou na fictícia cada vez maior da "paridade" e na incapacidade dos bancos de cumpri-la, quando de repente o mercado disse "I check!". Portanto, em 1933, o governo dos EUA literalmente roubou ouro de seus cidadãos com uma ordem executiva do presidente Roosevelt:
"Todas as pessoas são obrigadas a entregar, até 1º de maio de 1933, todas as moedas de ouro, barras de ouro e certificados de ouro em sua posse ao Federal Reserve Bank, seu escritório ou agência, ou a qualquer banco do Federal Reserve System."

O descumprimento do decreto era punido com **até 10 anos de prisão** (sic!) e uma multa enorme de **10.000 na época. dólares.**

E embora o ouro entregue fosse pago em dólares (20,67 a onça de ouro), alguns meses depois, em janeiro de 1934, foi anunciada uma nova paridade: $ 35 a onça. É fácil calcular que, se as pessoas não fossem forçadas a se livrar do ouro, depois de alguns meses receberiam 70% a mais de dólares por isso!

É por isso que estou falando de saque, porque foi um ato totalmente premeditado.

POSTMASTER: PLEASE POST IN A CONSPICUOUS PLACE.—JAMES A. FARLEY, Postmaster General

UNDER EXECUTIVE ORDER OF THE PRESIDENT

Issued April 5, 1933

all persons are required to deliver

ON OR BEFORE MAY 1, 1933

all GOLD COIN, GOLD BULLION, AND GOLD CERTIFICATES now owned by them to a Federal Reserve Bank, branch or agency, or to any member bank of the Federal Reserve System.

Executive Order

FORBIDDING THE HOARDING OF GOLD COIN, GOLD BULLION AND GOLD CERTIFICATES

By virtue of the authority vested in me by Section 5(b) of the Act of October 6, 1917, as amended by Section 2 of the Act of March 9, 1933, entitled "An Act to provide relief in the existing national emergency in banking, and for other purposes", in which amendatory Act Congress declared that a serious emergency exists, I, Franklin D. Roosevelt, President of the United States of America, do declare that said national emergency still continues to exist and pursuant to said section do hereby prohibit the hoarding of gold coin, gold bullion, and gold certificates within the continental United States by individuals, partnerships, associations and corporations and hereby prescribe the following regulations for carrying out the purposes of this order:

Section 1. For the purposes of this regulation, the term "hoarding" means the withdrawal and withholding of gold coin, gold bullion or gold certificates from the recognized and customary channels of trade. The term "person" means any individual, partnership, association or corporation.

Section 2. All persons are hereby required to deliver on or before May 1, 1933, to a Federal reserve bank or a branch or agency thereof or to any member bank of the Federal Reserve System all gold coin, gold bullion and gold certificates now owned by them or coming into their ownership on or before April 28, 1933, except the following:

(a) Such amount of gold as may be required for legitimate and customary use in industry, profession or art within a reasonable time, including gold prior to refining and stocks of gold in reasonable amounts for the usual trade requirements of owners mining and refining such gold.

(b) Gold coin and gold certificates in an amount not exceeding in the aggregate $100.00 belonging to any one person; and gold coins having a recognized special value to collectors of rare and unusual coins.

(c) Gold coin and bullion earmarked or held in trust for a recognized foreign government or foreign central bank or the Bank for International Settlements.

(d) Gold coin and bullion licensed for other proper transactions (not involving hoarding) including gold coin and bullion imported for reexport or held pending action on applications for export licenses.

Section 3. Until otherwise ordered any person becoming the owner of any gold coin, gold bullion, or gold certificates after April 28, 1933, shall, within three days after receipt thereof, deliver the same in the manner prescribed in Section 2; unless such gold coin, gold bullion or gold certificates are held for any of the purposes specified in paragraphs (a), (b) or (c) of Section 2; or unless such gold coin or gold bullion is held for purposes specified in paragraph (d) of Section 2 and the person holding it is, with respect to such gold coin or bullion, a licensee or applicant for license pending action thereon.

Section 4. Upon receipt of gold coin, gold bullion or gold certificates delivered to it in accordance with Sections 2 or 3, the Federal reserve bank or member bank will pay therefor an equivalent amount of any other form of coin or currency coined or issued under the laws of the United States.

Section 5. Member banks shall deliver all gold coin, gold bullion and gold certificates owned or received by them (other than as exempted under the provisions of Section 2) to the Federal reserve banks of their respective districts and receive credit or payment therefor.

Section 6. The Secretary of the Treasury, out of the sum made available to the President by Section 501 of the Act of March 9, 1933, will in all proper cases pay the reasonable costs of transportation of gold coin, gold bullion or gold certificates delivered to a member bank or Federal reserve bank in accordance with Sections 2, 3, or 5 hereof, including the cost of insurance, protection, and such other incidental costs as may be necessary, upon production of satisfactory evidence of such costs. Voucher forms for this purpose may be procured from Federal reserve banks.

Section 7. In cases where the delivery of gold coin, gold bullion or gold certificates by the owners thereof within the time set forth above will involve extraordinary hardship or difficulty, the Secretary of the Treasury may, in his discretion, extend the time within which such delivery must be made. Applications for such extensions must be made in writing under oath, addressed to the Secretary of the Treasury and filed with a Federal reserve bank. Each application must state the date to which the extension is desired, the amount and location of the gold coin, gold bullion and gold certificates in respect of which such application is made and the facts showing extension to be necessary to avoid extraordinary hardship or difficulty.

Section 8. The Secretary of the Treasury is hereby authorized and empowered to issue such further regulations as he may deem necessary to carry out the purposes of this order and to issue licenses thereunder, through such officers or agencies as he may designate, including licenses permitting the Federal reserve banks and member banks of the Federal Reserve System, in return for an equivalent amount of other coin, currency or credit, to deliver, earmark or hold in trust gold coin and bullion to or for persons showing the need for the same for any of the purposes specified in paragraphs (a), (c) and (d) of Section 2 of these regulations.

Section 9. Whoever willfully violates any provision of this Executive Order or of these regulations or of any rule, regulation or license issued thereunder may be fined not more than $10,000, or, if a natural person, may be imprisoned for not more than ten years, or both; and any officer, director, or agent of any corporation who knowingly participates in any such violation may be punished by a like fine, imprisonment, or both.

This order and these regulations may be modified or revoked at any time.

FRANKLIN D ROOSEVELT

THE WHITE HOUSE
April 5, 1933.

For Further Information Consult Your Local Bank

GOLD CERTIFICATES may be identified by the words "GOLD CERTIFICATE" appearing thereon. The serial number and the Treasury seal on the face of a GOLD CERTIFICATE are printed in YELLOW. Be careful not to confuse GOLD CERTIFICATES with other issues which are redeemable in gold but which are not GOLD CERTIFICATES. Federal Reserve Notes and United States Notes are "redeemable in gold" but are not "GOLD CERTIFICATES" and are not required to be surrendered

Special attention is directed to the exceptions allowed under Section 2 of the Executive Order

CRIMINAL PENALTIES FOR VIOLATION OF EXECUTIVE ORDER
$10,000 fine or 10 years imprisonment, or both, as provided in Section 9 of the order

Secretary of the Treasury.

U.S. Government Printing Office 1933 2-16064

No entanto, a desproporção cada vez maior entre a quantidade de dinheiro nos livros dos bancos e a quantidade real de ouro forçou novas mudanças e em 1972 a onça de ouro atingiu o preço de 42 dólares.

Porém, já no final da década de 1960, as pessoas começaram a perceber que esse é um caminho para lugar nenhum, que é impossível vincular o dinheiro ao ouro (ou qualquer outro bem físico), pois você não tem controle nem sobre a oferta de ouro ou a oferta de dinheiro criada pelos bancos.

Finalmente, a humanidade caiu em si e se livrou do jugo da antiga escolha dos deuses, renunciando a determinar o poder de compra do dinheiro pelo valor dos metais ou outros bens.

E embora a partir da década de 1970 tenhamos começado a usar dinheiro totalmente feito pelo homem, cometemos outro **erro trágico.**

Permitimos que os bancos mantivessem registros de contas a receber **apenas em seus livros** para se tornar o novo dinheiro da humanidade, que ainda é válido hoje.

Essas apenas algumas dezenas de anos de paridade do ouro - aliás completamente fictícia, porque essa cobertura em ouro nunca existiu de verdade - ficaram tão gravadas na cabeça das pessoas que até hoje existe um grande grupo delas, incluindo economistas premiados que vivem uma sonhar com "dinheiro de ouro". Uma fantasia, porque mesmo que omitissemos o “dinheiro contábil”, na era dos bens digitais, o dinheiro puramente físico seria um absurdo. Seus substitutos digitais seriam criados imediatamente, depreciando qualquer significado de "paridade". Além disso, encontrar enormes depósitos de ouro em algum lugar no fundo dos mares ou na Groenlândia derretida é apenas uma questão de tempo. E então o ouro será como a prata.

5. Os juros estão ERRADOS!

Vamos descansar um pouco de tentar descobrir qual é a essência do dinheiro e pensar em algo que a maioria absoluta considera normal e natural, embora seja uma patologia criminosa - juros.

Os juros são maus. Mesmo o menor. E não apenas no sentido transcendental, mas também no mal real e encarnado. Os juros são a razão pela qual as pessoas SEMPRE ficarão presas em um ciclo de crédito e incapazes de pagar suas dívidas. Nunca. Como resultado, eles acabarão perdendo tudo o que possuem para os bancos. Os juros também são uma das razões pelas quais a denominação do dinheiro sempre se deprecia.

Para perceber isso, ouça três parábolas:

I. O período do Paraíso na Terra (cerca de vários milhares de anos atrás).

Não há guerras, opressão, etc. e as pessoas ainda não conhecem o dinheiro. A troca de produtos ocorre por escambo porque a divisão do trabalho de acordo com as habilidades existe desde tempos imemoriais. E sim:

Pescador pega 2 peixes - Artesão faz 2 anzóis

Ocorre uma troca - o Fabricante dá seus 2 anzóis e o Pescador devolve um peixe (ele come o outro com sua família). Todo mundo está cheio, satisfeito e feliz.

O pescador volta a pescar, e o artífice a fazer anzóis. Idílio.

II. O começo do fim do Paraíso.

A troca é problemática, então as pessoas **inventam dinheiro.**

O pescador pega 2 peixes

O fabricante faz 2 ganchos e 1 enfeite, mas...

eles precisam de dinheiro para trocar. Onde obtê-los!?

Você tem que obtê-los dos deuses (ou seja, coletar conchas, grãos, etc.)

O pescador recebe 1.000 em dinheiro dos deuses e compra 2 anzóis do Criador.

O Fabricante está com fome, então ele compra um peixe do Pescador por 1000 dinheiros.

O pescador guarda ou devolve aos deuses como presente 1000 unidades de dinheiro e todos ficam satisfeitos, satisfeitos e felizes.

O pescador volta a pescar, o fabricante aos anzóis. Ainda um idílio.

III. Os deuses são substituídos pelo Emitente (banco).

Ao contrário dos deuses que não contam tempo, o Emissor demora mais para aguardar o reembolso. Então ele decide de alguma forma mobilizar os devedores para pagarem rapidamente, então ele inventa ... **JUROS** .

Nesse ponto, Deus fica com raiva (o tempo é dele!) e expulsa as pessoas do Paraíso.
A partir de agora, as pessoas vão suar para pagar algo que é impagável. Não importa quanto tempo eles trabalhem, eles nunca vão pagar, porque pelo menos:

O pescador ainda pega 2 peixes

O fabricante ainda faz 2 ganchos, esse...

para trocar, eles precisam de dinheiro emprestado do Emissor.

O pescador **toma emprestado** 1.000 unidades de dinheiro, mas com a condição de que ele tenha que devolver 100 unidades a mais para cada período iniciado de ter o dinheiro emprestado.

O pescador não tem escolha - ele concorda com as condições, pega o dinheiro e compra 2 anzóis do Fabricante.

O Criador está com fome, então ele quer comprar peixe do Pescador, mas...

O pescador exige do Produtor 1.100 unidades de dinheiro pelo seu pescado, pois é isso que ele tem que devolver ao Emitente (hoje: o banco).

No entanto, o Criador tem apenas as 1000 unidades que obteve do Pescador anteriormente para seus anzóis. E não existe mais dinheiro, simplesmente não existe mercado!

Assim, ele não tem escolha a não ser também pedir dinheiro emprestado ao Emissor, que lhe dá 100 unidades, mas exige um valor maior, ou seja, 110 unidades, para ser devolvido.

É assim que começa o inferno da exploração na terra.

Nem o Produtor nem o Pescador NUNCA podem devolver todo o dinheiro ao Emitente porque... simplesmente não estão no mercado!

O emissor liberou 1.100 unidades de dinheiro no mercado e deseja que 1.110 unidades sejam devolvidas. Todos os produtores de bens no mercado têm um total de 10 unidades a mais do que juntos. Ops.. A espiral da dívida está começando a acabar.

O pescador volta para pescar, o produtor para fisgar, mas o idílio acabou e os problemas começaram.

A partir desse momento, Pescadores e Produtores só tiveram que se endividar cada vez mais. Cada vez mais e mais - para deleite do emissor, ou seja, o banco - até a miséria completa e a escravatura.

E os Mestres do Dinheiro (bancos) tornam-se os verdadeiros Mestres do Mundo, Mestres das pessoas, seus desejos, pensamentos, etc.

Além disso, a quantidade de dinheiro no mercado diminui porque o dinheiro se deteriora, se perde ou, finalmente, algumas pessoas o guardam em uma meia, etc.

O inferno está subindo.

Como resultado, temos o ano de Anno Domini 2023 (Muslim Anno Hegirae 1401) e o mundo inteiro está literalmente se afogando em dívidas - pessoas, empresas, estados, governos, autoridades.
Só os bancos estão indo bem.

Este sistema patológico pode ser corrigido. Mas, para fazer isso, você precisa finalmente descobrir qual é a essência do dinheiro.

6. A essência do dinheiro.

Se você chegou a esse ponto, reserve um momento para pensar em exemplos de coisas que foram usadas como dinheiro em diferentes sociedades. Tente entender o que eles têm em comum.

Ao fazer isso, você perceberá que a essência do dinheiro não são conchas, cobre, prata ou mesmo ouro, cujo valor era medido por tamanho, peso e quantidade. Também não é uma promessa de realizar uma transação ou pagar um passivo, ou mesmo **de confiar** no emissor do dinheiro, como muitos acreditam.

Então o que é?

Bem, a essência do dinheiro é o seu **desejo** !
Comum o desejo das pessoas de possuir é a base para que algo se torne dinheiro, ou seja, um meio de determinar o valor de outras coisas, acumulação, circulação e troca.

O dinheiro ideal é:

a) universalmente desejável (ter);

b) identificáveis de forma fácil e inequívoca (proteção contra erro, falsificação);

c) durável, de preferência indestrutível;

d) fácil de armazenar e acumular;

e) líquido, ou seja, fácil de trocar, circular e negociar;

f) tem uma força fixa e estável de sua unidade monetária (valor nominal), permitindo-lhe determinar o valor de outros bens em relação uns aos outros.

g) existe alguma forma de controle de emissão.

h) acordado pelas pessoas como dinheiro.

anúncio a)

Você deve ter notado que não há "confiança" nesta lista. Isto não é uma coincidência. A confiança não é necessária para a existência do dinheiro. Se você não acredita, pense se você confia em dólares, euros, zlotys? Alguém confia no dinheiro hoje? Se assim for, provavelmente em uma extensão muito limitada. E, no entanto, ainda são **amplamente desejados** e usados sem confiança.

Assim, esse **desejo universal é a qualidade básica** que constitui o dinheiro. Claro, não é suficiente, mas sem essa base não há dinheiro real.

Uma observação importante aqui – o dinheiro também pode ser constituído legalmente. O poder pode impor aos súditos tal e não outro dinheiro, o que pode não ser nada desejável. Mas não estamos falando desse dinheiro, porque essa imposição de dinheiro só pode acabar valendo em campos onde esse poder pode forçar o uso desse dinheiro (alguém quer dinheiro venezuelano?).

anúncio b)

Este ponto é provavelmente óbvio. As pessoas devem ser capazes de identificar de forma mais fácil e inequívoca um determinado dinheiro e suas notas, de forma que não suscitem dúvidas sobre o que estão usando. Quanto mais difícil for para eles, mais fácil é tirar proveito de seu erro ou dinheiro falso, o que se traduz em relutância em relação a eles. E isso, afinal, enfraquece a qualidade básica - o desejo por um determinado dinheiro.

Entre 1868 e 1870, comerciantes franceses, ingleses, holandeses e portugueses deixaram vários bilhões de conchas semelhantes ao Kauri, mas um caracol diferente. Desta forma, no final do século 19, eles conseguiram destruir o sistema de caixa baseado em conchas Kauri. E isso porque as pessoas achavam difícil diferenciá-los.

anúncio c)

Grãos de cereais, grãos de cacau, sal - sem dúvida, eram fáceis de usar como dinheiro. Infelizmente, todos eles tinham uma desvantagem significativa - eram muito instáveis. Portanto, eles geralmente foram substituídos por outras coisas mais duráveis, como peles de animais, tecidos e, finalmente, metais.

No momento, para aumentar a durabilidade das cédulas, muitos países estão começando a imprimir cédulas em um substrato de plástico em vez de celulose.

E que tipo de dinheiro é quase indestrutível? Digitais é claro! É por isso que hoje muito dinheiro é "virtual", é registrado em bancos de dados de computador. Dinheiro físico - as notas e moedas são uma pequena parte do dinheiro em circulação!

adicionar)

Você provavelmente concordará que grãos, sal, barras e produtos de cobre não são fáceis de armazenar ou acumular.

As cédulas são definitivamente mais fáceis de usar, especialmente aquelas com grandes denominações, por exemplo, a de 500.000 baht tailandês (cerca de US$ 16.000). Eu me pergunto como será o resto. ;)

Há também notas de grande valor que bancos e governos usam para acertar contas uns com os outros:

Acima, uma nota de 100.000. USD e abaixo de até 100 milhões de libras!

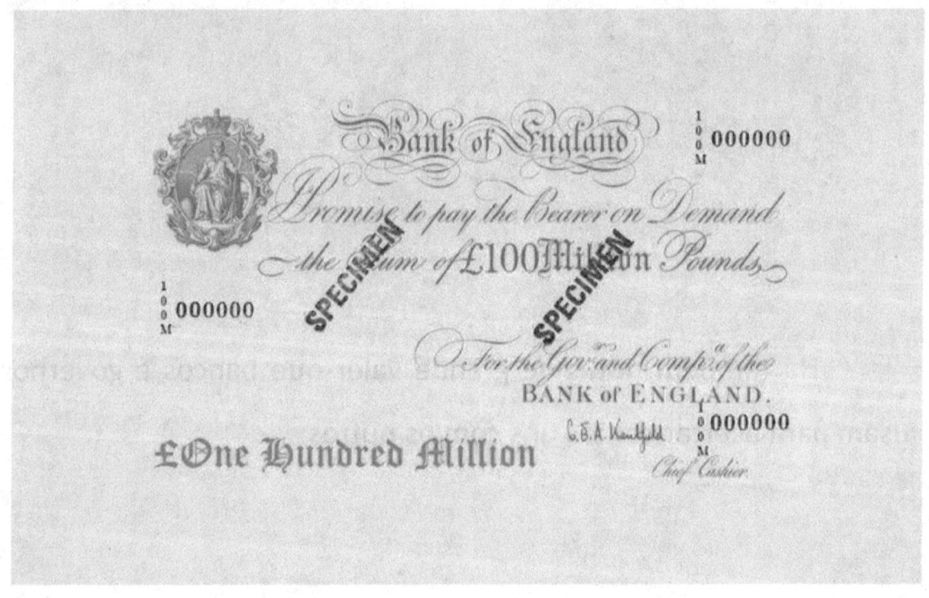

Há também uma denominação menor dessa nota, que é de apenas um milhão de libras esterlinas ;)

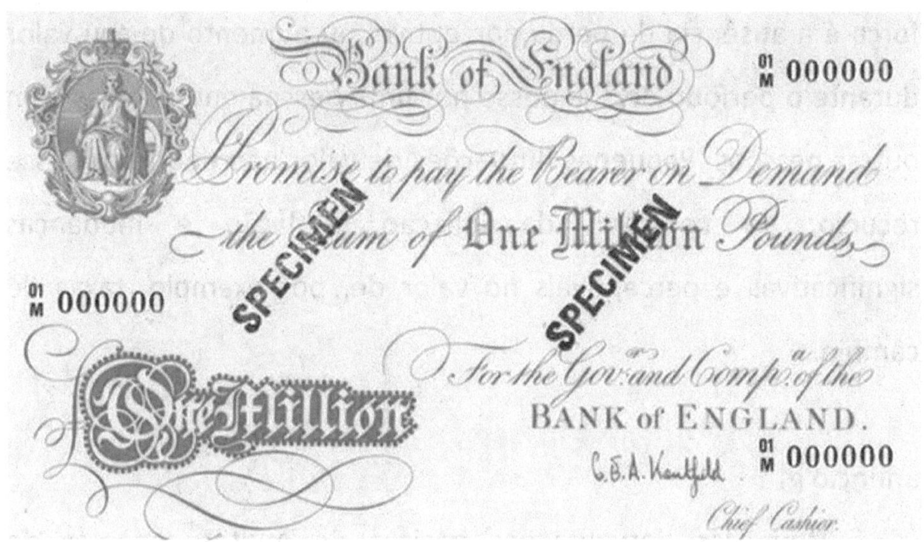

anúncio e)

O dinheiro deve ser como um espírito - para ir aonde quiser, sem barreiras e limitações. Todos devem poder usá-lo, possuí-lo e trocá-lo livremente. Também deve ser trocável por outro dinheiro sem quaisquer restrições. Infelizmente, é aqui que as autoridades colocam seus dedos sujos, que inventaram os conceitos de "lavagem de dinheiro" e "financiamento do terrorismo" e introduziram vigilância total e restrições ao livre fluxo de dinheiro. Claro, as próprias autoridades não sentem o cheiro de dinheiro "sujo" - elas estão sempre dispostas a confiscá-lo.

anúncio f)

O valor do dinheiro é a quantidade de bens que podem ser comprados por uma unidade desse dinheiro. A estabilidade de sua força é a ausência de perda perceptível ou aumento de seu valor durante o período de sua posse por uma pessoa entre trocas com outras pessoas. Pequenas flutuações de valor não depreciam esse recurso, ao contrário da inflação, deflação e mudanças significativas e perceptíveis no valor de, por exemplo, taxas de câmbio.

anúncio g)

Uma das desvantagens básicas de muitos sistemas de emissão de dinheiro, incluindo o atual baseado na emissão por bancos, é a falta de controle sobre sua emissão. No passado, quantos deles eram colocados em circulação era determinado pelo destino, pela natureza (grãos, peles, depósitos de metal) ou pela vontade humana de se esforçar e arriscar para obtê-los (kauri). Hoje depende da disposição das pessoas em assumir o custo e o risco do crédito e das decisões de crédito dos bancos (a quem e quanto vão dar crédito e a quem vão recusar). Os bancos centrais tentam controlar esse problema estabelecendo o chamado reservas fracionárias, requisitos de custo e empréstimos e, às vezes, governos. E embora todos pareçam ter boas intenções, tudo sai como de costume. E o impacto de tais ações pode ser diferente e imprevisível. Como resultado, quase sempre há muito pouco ou muito dinheiro, por exemplo, após a descoberta das Américas ou a emissão "despreocupada" de dinheiro por meio de empréstimos em massa (como durante a pandemia do COVID-19).

Portanto, o dinheiro ideal deve permitir o controle adequado de sua emissão para que seja sempre preciso. Nem muito nem pouco.

ad h)

Se hoje você quiser pagar com barras de ouro ou prata ou algumas moedas (que não são dinheiro formal), então ... você será mais ou menos gentilmente ridicularizado. Apesar de terem seu valor em ouro e mesmo que pareçam dinheiro, ninguém os considerará como DINHEIRO. Talvez você concorde que alguém (o vendedor) comprará de você e então você pagará, mas ninguém mais trata as moedas de ouro como algo que é dinheiro.

O mesmo com uma letra de câmbio - mesmo que pareça uma nota de banco e apesar do fato de ter a mesma proteção legal que o dinheiro e apesar do fato de que as letras de câmbio podem ser liquidadas como dinheiro, ninguém trata as letras de câmbio como dinheiro , mas apenas como seu substituto. A menos que fossem notas promissórias, o que seria universalmente desejado.

7. O dinheiro do cidadão é possível?

Criado não por bancos, mas por pessoas (comuns), empresas, organizações, governo?

A resposta é sim!

O domínio dos bancos sobre as pessoas resulta dos sistemas de liquidação que eles criaram, IBAN, BIC, SWIFT, ACH, etc., aos quais eles não permitem o acesso de ninguém e os regulam rigorosamente também graças à proteção legal imposta pelos governos.

Para quebrar esse monopólio bancário, a sociedade teria que criar seu próprio sistema de contabilidade, no qual cada pessoa teria números de contas controlados apenas por si ou obrigaria os bancos a alterá-lo. Este sistema de contas cívicas teria, obviamente, de estar aberto* a todos os indivíduos e organizações, globais e transfronteiriços, tal como o sistema bancário é hoje.

apenas outros bancos e algumas entidades excepcionais (como produtores de ouro) em seu sistema de compensação e contas (registros de hoje em bancos de dados de computador).

É por isso que os bancos reagem tão histericamente às criptomoedas, porque eles se recusam de forma universal e consistente a negociá-los e negociá-los. As criptomoedas mostraram que uma iniciativa social de baixo para cima permite que você construa um sistema de liquidação eficiente sem bancos.

Para ser claro - as criptomoedas são um sistema muito perigoso, não há possibilidade de restaurar e desfazer transações (nos bancos, as informações são armazenadas em mídias de difícil substituição não autorizada (discos ópticos queimados a laser, papel). Mas a vida mostrou que aparentemente as pessoas aceitam diferentes níveis e características de risco.

Claro, regulamentos legais apropriados seriam suficientes para privar os bancos da exploração de pessoas, mas eles são irrealistas porque as autoridades de provavelmente todos os países são corrompidas por banqueiros. Além disso, todos, literalmente todos, inclusive governos, são intimidados por derramadores americanos de agências de três letras, justificando sua existência com contos de fadas sobre a luta contra "dinheiro sujo", "lavagem de dinheiro", "financiamento do terrorismo" etc.

Portanto, o único caminho são as iniciativas de base, cívicas, porque há quem as empreenda. A Meta queria criar **o Libra** , e estou trabalhando em **um Gløbal** ao qual qualquer um pode aderir. Também tenho certeza de que Tescent ou Alibaba usando seus aplicativos - Wechat e Alipay, respectivamente, onde as pessoas usam os mecanismos de pagamento contidos neles em massa - poderiam fazê-lo facilmente a qualquer momento, literalmente com alguns toques de seus dedos nas teclas no teclado. Isso porque todo o sistema de acordos entre as pessoas já existe em seus aplicativos e bastaria alterar o nome das unidades monetárias que neles são utilizadas.

De qualquer forma, o destino do trabalho em Libra e seu abandono mostram claramente o quanto o sistema bancário se sentiu ameaçado pelas atividades do Meta.

Observe que, embora sejam os bancos que emitam o dinheiro, eles o fazem para que nós , pessoas comuns, **deixemos os bancos criarem dinheiro para nós** , em vez de fazê-lo nós mesmos! Vamos aos bancos e fazemos-lhes a vontade de aceitar a dívida e prometemos reembolsá-la com as suas despesas e juros. Sem a nossa declaração de total compromisso e risco, os bancos não seriam capazes de emitir dinheiro. Quero dizer, eles poderiam, mas estavam completamente vazios e não valiam nada.

Assim, toda vez que assumimos alguma dívida com os bancos, em vez de emitir nosso próprio dinheiro ou mesmo notas promissórias, deixamos que os bancos criem dinheiro novo e deixamos que os banqueiros decidam a quem entregá-lo e a quem não, e a que custo e interesse.

Obviamente, algum dinheiro (incluindo fichas físicas na forma de notas e moedas) é criado por emissores de dinheiro. Normalmente são bancos centrais, que infelizmente são mais ou menos controlados por políticos e agem para proteger os interesses do sistema bancário, não de nossos cidadãos. Ao mesmo tempo, o maior e mais importante emissor de dinheiro do mundo - o FED americano - é uma associação de bancos privados, controlada por várias famílias e por um representante do governo americano. Claro, você não encontrará essas pessoas no ranking dos mais ricos do mundo, embora não haja ninguém mais rico do que eles. Eles podem imprimir quanto dinheiro quiserem, não precisam obtê-lo de outras pessoas.

No entanto, não são apenas, por exemplo, **as moedas de euro que podem ser cunhadas pelos estados membros da UE** , ou seja, na prática pelos seus governos. Claro, apenas porque o giro desse dinheiro é marginal.

No entanto, as pessoas comuns também poderiam emitir notas e moedas, ou outras notas, adotando uma forma de segurança específica para seu dinheiro. Em última análise, através da emissão de notas promissórias, cuja falsificação é punida tão severamente quanto a falsificação de dinheiro.

Vamos dar uma olhada nas notas de libra esterlina listadas abaixo.

Onde está a Rainha Britânica!?

Por que o emissor não é um banco da Inglaterra, mas algum banco escocês ou irlandês?

E aí!?

Estas são notas promissórias emitidas por bancos escoceses ou irlandeses. Oficialmente, não é uma cédula, mas você pode pagar com ela em todo o Reino Unido.

É claro que as notas promissórias - que de acordo com a lei podem ser pagas em dinheiro - são apenas teoricamente o método mais simples de emitir seu próprio substituto monetário. No entanto, não são dinheiro real, pois a negociação neles é baseada na confiança quanto ao cumprimento da obrigação do emissor da letra de câmbio, e não na base do dinheiro, que é:

- desejo universal.

Por que as cascas de búzios, grãos de cereais, cacau, sal, peles e metais eram dinheiro? Porque eles eram universalmente desejados.

As conchas de búzios tornaram-se cobiçadas quando as mulheres começaram a usar colares de búzios para cobrir várias partes de seus corpos para se tornarem mais atraentes para os homens. Foi assim que as conchas se tornaram desejáveis. E graças às suas características físicas - durabilidade e ao fato de serem todos muito parecidos - podem virar dinheiro.

Claro, eles também eram desejáveis por razões de utilidade (consumo), mas isso não muda o fato de que isso formou a base para se tornar dinheiro. Ao mesmo tempo, a sua oferta era limitada pela natureza ou pela vontade humana de trabalhar, pelo que havia uma constante escassez que mantinha esse desejo.

E por que a prata e o ouro se tornaram desejáveis? Porque os deuses desejavam esses metais como presentes. E assim a demanda por parte do sagrado (templos, etc.) por minérios causou seu desejo universal e criou dinheiro com eles.

Hoje é o mesmo com dólares, euros, zlotys, etc. - a exigência da administração fiscal (ou seja, a necessidade de pagar impostos em determinado dinheiro às autoridades) cria a base para o seu desejo comum.

Seria o mesmo com a Libra se ela fosse criada - se puder ser usada para pagar serviços dentro do ambiente META, ela se tornará um objeto de desejo universal e, como resultado, dinheiro real.

Portanto, se alguém deseja criar dinheiro, é **essencial encontrar uma razão para torná-lo universalmente desejável.**
Outra coisa é criar um sistema de cobrança.
Qualquer um que fizer essas coisas vai quebrar o banco, um grande banco. Tanto figurativamente quanto literalmente.

Por exemplo, podemos imaginar que alguém poderia convencer uma grande proporção de homens e mulheres atraentes do mundo a sair apenas com aqueles que trazem um pedaço adequado de âmbar para a reunião como presente. Ou algum outro mineral ou 100 conchas Kauri ou 1000 unidades de sua (cripto)moeda.

Claro, então tais pedaços de âmbar, um mineral específico, conchas Kauri ou unidades de sua (cripto)moeda se tornariam universalmente desejáveis. E eles poderiam se tornar dinheiro se atendessem às outras condições.

Deixe-me lembrá-lo de que o dinheiro deve ser:

a) universalmente desejável (ter);

b) identificáveis de forma fácil e inequívoca (proteção contra erro, falsificação);

c) durável e preferencialmente indestrutível;

d) fácil de armazenar e acumular;

e) líquido, ou seja, fácil de trocar, circular e negociar;

f) devem ter um valor fixo e estável de sua unidade monetária (valor nominal), permitindo determinar o valor de outros bens em relação uns aos outros.

g) possuir controle de emissão.

h) ser unanimemente reconhecido como dinheiro pelo povo.

Conhecendo a essência do dinheiro, o que sobra?

Nada além de inventar seu próprio dinheiro e dar para as pessoas.

Eles realmente precisam disso!

8. Gløbal - um exemplo da implementação do dinheiro cívico.

Primeiro de tudo - gløbal (pronuncia-se: global) não é outra criptomoeda. Tem uma forma tangível e intangível:

1) A forma material é cédulas e moedas.

2) A forma intangível são os arquivos eletrônicos, documentos que são notas promissórias.

Em segundo lugar - a base de sua existência é o desejo de tê-lo resultante da necessidade de pagar com ele em um sistema específico de serviços de Internet.

Mais importante - qualquer pessoa pode participar da criação desse dinheiro e qualquer pessoa pode emitir notas e moedas de forma independente em qualquer valor.

Qualquer pessoa também pode criar unidades globais eletrônicas e usar todo o ecossistema global.
Gløbal na versão eletrônica é uma cópia de um documento eletrônico - uma letra de câmbio para, por exemplo, 1 gløbal ou 10 gløbal ou 100 gløbal ou 1000 gløbal, etc.

O sistema é flexível e aberto, o que possibilita a emissão de notas promissórias eletrônicas em qualquer moeda, por exemplo, em euros, dólares, zlotys, etc. possível graças ao eIDAS (UE) e à lei polonesa de notas promissórias.

A grande vantagem desse dinheiro é a capacidade de fazer pagamentos totalmente formais e legais, porque o pagamento por letra de câmbio é um método legalmente reconhecido de fazer pagamentos ao lado do dinheiro e da transferência bancária. Portanto, o global pode ser usado em qualquer liquidação e registrado como um pagamento normal.

Outra vantagem do global é a capacidade de transferi-lo diretamente ou remotamente p2p.
A Gløbal pode ser transferida diretamente de mão em mão, dando à outra pessoa notas, moedas, um pedaço de papel impresso com o conteúdo de uma nota promissória eletrônica, um endereço de carteira online com uma senha ou até mesmo uma transportadora com tal arquivo ou carteira armazenada nele.
No entanto, você também pode usar dispositivos ou aplicativos dedicados (por exemplo, para um computador ou smartphone) que permitem a criação global, pagamentos remotos, transações p2p remotas ou trocá-los em bolsas, etc.

E como os recursos essenciais do global se comparam a outras moedas?

a) Titularidade efetiva dos fundos, ou seja, onde estão seus fundos de fato?

Com dinheiro em mãos, você sabe que o dinheiro é seu e de mais ninguém.

Quando você mantém seu dinheiro no banco, você não tem propriedade real sobre ele. Na verdade, seu dinheiro é decidido pelo banco e pode até se apropriar dele, por exemplo, quando ele for à falência. Nessa situação, a adoção do princípio absolutamente desfavorável à sociedade, de que o dinheiro nas contas pertence ao banco, e não que sejam liquidadas apenas pelo Banco, ainda que a conta seja denominada "conta de liquidação", é uma vingança. Deve acontecer que, por defeito, as contas bancárias sejam contas de liquidação, ou seja, que o banco não possa utilizar os fundos nelas acumulados ou dispor deles de outra forma que não seja indicada pelos titulares das contas. Apenas ao lado das contas à ordem deve haver contas de poupança para as quais as pessoas transfeririam fundos se quisessem que o banco as usasse para ganhar e compartilhar esses ganhos (ou para ganhar juros). Infelizmente, a posse de dinheiro em contas bancárias é muito limitada no momento. Você pode perdê-los todos em um instante quando o banco quebra, ou quando o governo os confisca porque eles precisam muito deles, ou se eles o acusam de algum crime (mesmo que você não tenha cometido nenhum).

Também no caso de criptomoedas, você não tem a propriedade real de suas criptomoedas - o banco de dados de TI tem. O que é pior - este banco de dados está disponível publicamente! Mesmo que você tenha uma "carteira" offline ou impressa em um pedaço de papel, infelizmente ela não lhe dá nada porque seus fundos estão de fato em outro lugar - em um banco de dados público, constantemente disponível online, sob risco de ser roubado ou perdido.

Com a global, seus fundos estão apenas em suas mãos. Como dinheiro. Claro, se você quiser, eles também podem estar disponíveis online. Sua escolha.

b) Confidencialidade de posses, ou seja, você quer que outras pessoas saibam quanto dinheiro você tem?

Com a global, só você e só você sabe quanto tem, assim como no dinheiro. Bem, a menos que você transfira fundos para uma conta de câmbio, etc.

E os bancos?

E os bancos não fornecem mais NENHUMA confidencialidade. O saldo da conta é conhecido não apenas pelos funcionários do banco, mas também por toda uma série de funcionários que supostamente controlam se você lava dinheiro ou financia o terrorismo. Claro, as autoridades sabem perfeitamente que você não sabe, mas querem saber tudo sobre você e sua empresa. Quem sabe no que isso pode ser útil no futuro? Melhor saber do que não saber, né? ;(

E criptomoedas?

E as criptomoedas também não fornecem nenhuma confidencialidade, pelo contrário! As transações e os bancos de dados blockchain são públicos e qualquer pessoa pode ver quanto dinheiro você tem e - pior ainda - rastrear todo o histórico de suas transações. Pode não significar nada para algumas pessoas, não incomoda em nada, mas no caso das empresas é absolutamente inaceitável, porque revela todos os seus segredos comerciais.

c) Controle total dos fundos

Somente você decide se deseja manter o global na forma de impressão em um pedaço de papel, em uma ou mais mídias de armazenamento ou online em algum lugar em um servidor ou na nuvem. Só você decide o que fazer com eles e, com a devida proteção, ninguém os tirará de você, roubará ou confiscará. Mesmo com um ataque físico direto.

d) Anonimato da transação.

Você pode escolher entre transações corpo a corpo, transações p2p ou através de um intermediário, trocas, etc. Sua escolha. Não há banco de dados contendo histórico de transações que possa ser usado por qualquer pessoa para espionar sua pessoa ou empresa.

e) Base de valor.

A base do valor da global é a adoção como base para sua emissão do valor da remuneração pela qual pelo menos 50% dos programadores experientes (os chamados seniores), doravante simplesmente denominados programadores, concordam em trabalhar. Em termos simples, 1.000 gløbal é o pagamento por 1 hora de trabalho desse programador.

Isso significa entesouramento eficaz, estabilidade da taxa de câmbio e resistência à inflação e à deflação.

Obviamente, o valor do global em relação a outras moedas sem dúvida mudará com o tempo, pois o dinheiro tradicional perde sistematicamente seu poder de compra. No entanto, essas mudanças serão gradativas, contadas em meses ou anos, o que possibilita transações econômicas seguras.

No entanto, deve-se ter em mente que o valor do global em diferentes mercados e em relação a diferentes moedas - incluindo o euro - será determinado pelo mercado e, portanto, pode ser fluido e flutuante.

f) Forma material - cédulas e moedas.

Qualquer pessoa ou entidade legal pode emitir livremente notas e moedas globais em qualquer quantidade. No entanto, eles devem atender aos requisitos estabelecidos pela comunidade que os tornam mais caros para produzir do que seu valor nominal. Dessa forma, obtemos um controle natural da emissão de dinheiro na forma de notas e moedas - o custo de uma nota ou moeda é maior que seu poder aquisitivo.

f) Forma intangível - letras de câmbio eletrônicas.

Qualquer pessoa ou pessoa jurídica também pode criar notas promissórias eletrônicas nomeadas em gløbal, abreviadamente chamadas de gløbal. No entanto, sua aceitação no sistema dependerá do cumprimento pelo emissor das condições estabelecidas pela comunidade e do valor da demanda por gløbal.

Os criadores globais devem estar cientes de que, embora a

emissão de notas promissórias seja sem juros, seu valor em relação à moeda local pode sofrer alterações.

O criador é obrigado a resgatar parte de suas letras de câmbio, por exemplo, no caso de uma diminuição na demanda por global.

Atenção!

Os criadores não têm garantia de confidencialidade total em relação ao seu problema. Suas identidades são conhecidas pelos guardiões. Apenas as pessoas que compram global, recebem de qualquer outra forma (por exemplo, como compensação, ganhos, doação) e negociam podem ter total confidencialidade garantida.

g) Por que alguém usaria global?

- Para pagar por serviços no sistema global (por exemplo, a hospedagem mais barata de arquivos, serviços, etc.).
- Para fazer transações seguras e estáveis, pagar por serviços, mercadorias ou trocar dinheiro.
- Para preservar o valor de seus ativos, proteja-os da inflação, desvalorização ou apreensão.
- Para ganhar dinheiro com sua própria imagem ou arte.
- Para agradar aos olhos com cédulas e moedas que são obras de

arte.

f). Requisitos para a emissão de notas e moedas.

a) A cédula deve conter:

- Papel de algodão durável com maior resistência à dobra, rasgo, rasgo, desgaste das bordas, pilling da superfície, com marca d'água de boa qualidade e inclusões visíveis de succinita (âmbar báltico) ou uma tira de metal inoxidável entrelaçada nele.
- Elementos impressos com tinta brilhando no ultravioleta ou mudando de cor dependendo do ângulo de visão ou sob a influência da temperatura.
- Estampa feita com gravura em aço.
- Elementos impressos com relevo, palpável sob os dedos para cegos.
- Conteúdo obrigatório:

Sinal gráfico global.

Endereço do site: www.gløbal.net

Denominação: 0 gløbal ou global ou e0 gløbal ou 1 gløbal

Nome e apelido ou alcunha ou nome da entidade emissora da nota.

Data de emissão

Assinatura manuscrita em cada nota.

Numeração única para cada nota (registada no sistema global)

b) Moeda

Succinita (âmbar do Báltico), cujas bordas são envoltas em qualquer metal. Pode ser prensado, lixado, etc., mas não pode ser refundido. A superfície mínima da succinita é de 3,14 cm2 e o peso é de 1 grama.

Sinal gráfico global.

Denominação: 0 Gløbal ou e0 Gløbal ou 1 Gløbal

Data de emissão.

9. Teoria Monetária Moderna.

Recentemente, muita confusão no mundo das ciências econômicas e sociais tem sido feita pelos chamados Teoria Monetária Moderna. É uma descrição do funcionamento do mundo financeiro em um país com uma moeda soberana, ou seja, emitida pelo banco central de um determinado país e não vinculada a uma taxa de câmbio fixa com outra moeda. Dólar, zloty, libra esterlina etc. é uma dessas moedas. Euro não é.

De acordo com essa teoria, o dinheiro é uma construção legal e o governo é o emissor do dinheiro e determina seu valor e sua quantidade, guiado apenas pelo nível de inflação.

Embora essa teoria esteja próxima da essência do dinheiro, ela ainda o define incorretamente.

Se você leu meu livro, sabe que o postulado de que o governo deve criar dinheiro é perfeitamente consistente com o que escrevi sobre dinheiro. O governo não só pode, como deve criar e emitir seu próprio dinheiro!

Há anos venho dizendo que o governo não deve pedir dinheiro emprestado nem de bancos nem de pessoas - por meio de títulos, títulos do tesouro, etc. - mas simplesmente criá-lo ou, como último recurso, receber dinheiro do banco central no valor permitido pelo legislador (parlamento) ou pelo soberano (por exemplo, em um referendo). Em último caso, devem recebê-los a seu próprio pedido em caso de necessidade de afastar os efeitos de alguma catástrofe ou cataclismo o mais rapidamente possível (como a atual pandemia).

No entanto, isso deve ser possível sob certas condições:

Em primeiro lugar, o legislador (ou o soberano) deveria conhecer os efeitos inflacionários esperados para quantidades específicas de dinheiro novo emitido, discriminadas por setores específicos da economia. E é aqui que a Teoria Monetária Moderna comete outro erro, pois fala em inflação geral, embora em tal sistema se deva levar em conta as variações de preços em vários setores da economia. Pois, além da quantidade geral de dinheiro no mercado, as decisões e ações humanas individuais, ou seja, o que as pessoas farão com o dinheiro que recebem do governo, são extremamente importantes. Afinal, eles podem enterrá-los no chão, trancá-los em um cofre ou meia. E então pode não haver inflação alguma e talvez até ficar sem dinheiro, apesar da grande emissão do governo. Novamente, em um momento e situação socioeconômica diferentes, as pessoas podem a qualquer momento tirar seu dinheiro de seus esconderijos, meias ou cofres (onde não criaram nenhuma inflação) e depois gastá-lo em compras apenas em um setor específico da economia, por exemplo, desta forma, uma inflação exorbitante nesta área específica, e não na economia como um todo - o que vem acontecendo na Polônia há muitos anos. Em tal situação, a avaliação da inflação geral é inútil, porque e se os alimentos e outras coisas da cesta de inflação aumentarem, por exemplo, apenas 1% se as pessoas não puderem pagar um apartamento porque seus preços aumentaram 1000% !?

Portanto, o ente que decide sobre a quantidade de emissões do governo precisa conhecer tais projeções para poder tomar decisões sensatas. Claro, se tivéssemos soluções consistentes com a Teoria Monetária Moderna.

Em segundo lugar, o governo não pode ter o direito de monopolizar a circulação de dinheiro em seu território para seu próprio dinheiro. Nem, é claro, limitar a troca desse dinheiro, sua circulação, etc. Cada Autoridade é tentada por tal monopólio porque se livra de todos os freios resultantes da concorrência de outras moedas. Infelizmente, os efeitos deploráveis de tais monopólios são fáceis de ver não apenas na história (veja a emissão de papel-moeda pelos imperadores chineses), mas também hoje. Zimbábue e Venezuela, por exemplo, estão se curvando. O que é pior, as consequências de tal monopólio afetam não apenas a economia, mas também a escravização de pessoas pelas autoridades.

Por outro lado, discordo totalmente que o dinheiro seja

apenas uma construção legal, mas você já sabe disso. Pode ser, e é, um zloty, euro ou libra esterlina, mas não precisa ser. O dinheiro pode ser completamente universal - operando fora da jurisdição de qualquer estado e até mesmo completamente independente de qualquer estado e seus regulamentos - esse dinheiro era, por exemplo, conchas Kauri. Alguns dizem que é bitcoin e outras criptomoedas, e talvez até estivessem certos, se não fosse pelo fato de que as criptomoedas atuais não podem ser consideradas dinheiro.

A Teoria Monetária Moderna também aborda a questão dos impostos e seus efeitos sobre a quantidade de dinheiro, mas não vou tocar nesse assunto. Tanto mais que desperta mais controvérsia e desacordo entre os cientistas.

10. Finalmente, um pouco sobre a China.

E agora as poucas palavras prometidas sobre a China (e até certo ponto a Índia também).

Conchas Kauri e lingotes de cobre, lâminas de ferramentas (machados, enxadas, etc.) e, finalmente, moedas de cobre foram usadas lá por séculos.

O cobre se tornou a base do sistema, que em nosso círculo cultural era a prata.

Ao mesmo tempo, também foram utilizados tecidos, e é provavelmente por isso que as notas foram inventadas na China, cujo caminho de desenvolvimento foi o mesmo da Europa (embora muitos séculos antes) - certificados comerciais, recibos de depósito, notas promissórias, sinais de dinheiro . E foi na China que pela primeira vez houve uma enorme inflação provocada pela produção em massa pelos imperadores (a partir de meados do século XIV) de papel-moeda "sem cobertura".

Abaixo, papel-moeda chinês e uma placa (segunda da direita) para imprimi-los. A primeira da direita é uma nota atualmente impressa com esta placa).

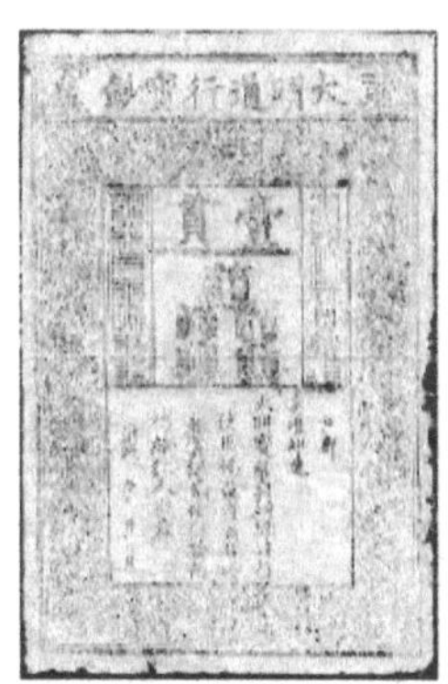

Isso obviamente resultou na relutância do público em usar papel-moeda, então ele foi finalmente abandonado e não foi usado novamente até meados do século XIX. O dinheiro de prata, por outro lado, surgiu após o estabelecimento de contatos comerciais com a Europa no século XVI, e eram moedas européias e mexicanas. Moedas de prata chinesas não apareceram até o final do século 19 em 1889.

11. Ou talvez... uma digressão sobre ouro? :)

Algo quebrou em mim há algum tempo. Aconteceu quando o vendedor da quitanda me anunciou num sussurro cheio de profunda satisfação que ontem havia comprado as últimas gramas de ouro do banco. E isso não existe mais.

E não vai. Porque nem a menta tem. Ele ficou muito feliz em salvar suas economias da guerra, inflação, deflação, maçons e até ciclistas e mariposas.

Nem lhe passava pela cabeça que havia se tornado mais um sargo assustado, empalado por bandidos em... ouro.

Aqui estão dez mentiras - oops... razões na nomenclatura do fornecedor - por que você deveria ter ouro:

10 supostas "razões" para ter ouro:

1. O ouro põe fim à preocupação sobre como a inflação e as flutuações cambiais estão consumindo suas economias!
2. O ouro é conversível em todas as moedas e amplamente aceito como forma de pagamento - é a única moeda global do mundo!
3. O próprio valor do ouro aumenta a demanda cada vez maior por esse metal precioso da tecnologia moderna.

4. O ouro é fácil de esconder e não é destruído em caso de incêndio ou inundação, ao contrário das notas e valores mobiliários.

5. O ouro é o único valor real que salva vidas durante as guerras e permite a sobrevivência financeira durante as crises econômicas.

6. O ouro é um metal real em sua mão, não alguns lucros virtuais prometidos por bolsas de valores e instituições financeiras.

7. Nada melhor do que o ouro foi inventado por séculos, todo país rico tem reservas de ouro em seus cofres, por que você não deveria!

8. O ouro é a base de todos os investimentos - investindo pelo menos 5-10% de suas economias em ouro, você pode olhar com segurança para o futuro.

9. O ouro é uma ótima maneira de passar a riqueza da família de geração em geração.

10. O ouro é supranacional e atemporal - foi, é e será!

bucha cha cha cha !!!!!!!! Risos na sala. É tudo mais ou menos falso.

Em primeiro lugar - ninguém mais torna o valor do dinheiro dependente do ouro, então a demanda por ele caiu drasticamente. Agora é exatamente o oposto - é o valor do ouro que é expresso neste terrível dinheiro de "papel".

Em segundo lugar, quase 150.000 já foram recolhidos. toneladas de ouro puro, a maior parte guardada nos cofres do governo. Se ficarem contra a parede, podem inundar todo o mercado a qualquer momento.

Em terceiro lugar - o ouro dissolvido apenas nos oceanos e mares é abundante - ~ 10 bilhões de toneladas! – e sua produção (3.000 t) supera a demanda apresentada pela indústria, incluindo a joalheria e indústrias correlatas. Além disso, pode ser facilmente aumentado a qualquer momento.

Para comparação:

Platina - os recursos são 31.000. toneladas produção anual 150 toneladas.

Diamante - recursos mineiros 400 toneladas, extração 20 toneladas, das quais apenas 4 toneladas vão para o mercado de joias.

Glosanit - a produção desse cristal só pode ser contada em gramas por ano.

Quarto, você acha que o preço do ouro é determinado pelo mercado? Você está errado! O preço do ouro é determinado por exatamente 5 empresas: ScotiaMocatta, Barclays Capital, Deutsche Bank, HSBC e Société Générale.

Quinto - lembre-se de que a qualquer momento alguém pode descobrir uma quantidade impressionante de ouro e ... ele se tornará como prata. Tenha em mente que há muito ouro dissolvido nos oceanos e mares. Se a dessalinização em massa da água do mar começar, ela pode ser combinada com a recuperação de ouro e outros elementos valiosos dela. E então...

Lembre-se também de que já existe uma "Pedra Filosofal" - o ouro é obtido de outros elementos. Se alguém o fizer energeticamente...

A questão é que QUALQUER COISA pode acontecer que aumente drasticamente a quantidade de ouro disponível e, então, se torne como prata.

Não importa se algum mega depósito é descoberto, por exemplo, na Groenlândia como resultado do derretimento do gelo, ou talvez algum novo vulcão expele milhares de toneladas de ouro do interior da Terra, ou alguém pode encontrar um método barato de capturar ouro da água do mar (por exemplo, alguma rede coberta com algo inteligente, na qual partículas de ouro, ou bactérias ou fungos concentram ouro em si), ou depósitos no fundo dos mares (virgens e muitas vezes mais ricos que os dos continentes) serão exploradas por máquinas e robôs autônomos, etc., etc.

É só uma questão de tempo.

Os americanos estarão lançando uma reação termonuclear com

lasers em alguns dias. Em alguns anos, ao invés de cápsulas de hidrogênio, poderão ser cápsulas com uma mistura de elementos que resultarão na tal mini-explosão de ouro.

E em cerca de uma dúzia de anos, o poder dos lasers pode aumentar tanto que tal dispositivo será do tamanho de um forno de microondas, não de um estádio esportivo, e o custo da produção de ouro será 9.999 vezes mais barato que a extração natural.

Claro, comprar ouro não é puro nerd. Ainda permanece resgatável por vários dinheiro, moedas e mercadorias. Só que se alguém foi enganado pelos preços do ouro na bolsa de valores, simplesmente caiu nessa, porque sendo um galgo comum, pelo ouro receberá várias dezenas por cento a menos - geralmente metade - do que a taxa média de câmbio do ouro.

você não acredita? Em seguida, faça um teste - aqueles que oferecem ouro a você, oferecem-se para vender o seu pelo mesmo preço que desejam vendê-lo.

Não importa se você tem. Comprar não comprará, você pode pechinchar e descobrirá que eles estão zombando de você com uma barra de ouro.

Finalmente, não há como voltar ao dinheiro lastreado em ouro. Mesmo que voltássemos à Idade da Pedra após a Terceira Guerra

Mundial.

Outros livros do autor:

Hipnose - aprendendo a hipnotizar passo a passo

almirante

Para Berlin von Stalin

arnold@buzdygan.com

www.ingramcontent.com/pod-product-compliance
Lightning Source LLC
LaVergne TN
LVHW031427170726
843492LV00009B/2887

9788397010017